Devenir-Vous !

Un hommage à tous Nos Héros de la Foi

Tome 2

Kam PERSA

« Créons un monde nouveau dans notre monde »

ISBN : 9798285537250
Contactez-nous : kam.persa@gereof.net

Table des matières

DÉDICACE

A Jésus Christ, mon premier héro,
L'architecte de ma vie …

A mes parents
Pour leur exemple d'amour

A toute ma famille, celle biologique comme spirituelle, en particulier aux 3 mousquetaires,
Que ce travail soit également une source de bénédiction pour chacun d'entre vous.

Que les différentes réflexions contenues dans ce livre, vous aident à vous rendre utiles là où vous avez été établi jusqu'à ce que le caractère de Christ,
celui qui était dès le commencement,
soit pleinement formé en vous.

REMERCIEMENTS

Merci au Saint Esprit qui m'a inspirée et assistée dans la publication de cet ouvrage « Devenir-Vous ! » le deuxième tome de la série "*Au commencement, il n'en était pas ainsi*".

Également merci à tous ceux qui m'ont aidés et assistés de près ou de loin à la réalisation de cet ouvrage.

J'ai une pensée spéciale pour le docteur Myes Monroe, ce héro qui nous a devancés pour les oscars célestes qui est vraiment un repère pour moi et merci à Laëtitia Mouillé qui m'a mise en relation avec la plateforme GereOF, sans laquelle je n'aurais pas pu finaliser ce projet d'écriture de mon livre.

Merci également aux prestataires qui m'ont assisté depuis la plateforme GereOF dans l'édition de cet ouvrage.

CONSEILS D'UTILISATION

Dans cette série, vous allez vraiment apprendre à identifier comment faire pour manifester la personne que vous êtes appelée à devenir. En réalité, il sommeille au-dedans de vous un héros, un guerrier, un vaillant soldat, quelqu'un qui est prêt à manger les fruits. On dit que le laboureur ne peut pas s'inquiéter des affaires de la vie. Il ne s'embarrasse pas des choses de la vie, s'il veut plaire à celui qui l'a enrôlé. Mais il doit prendre le temps de se concentrer pour combattre. Et dès qu'il y a des fruits, il va être le premier à en manger.

« *Souffre avec moi, comme un bon soldat de Jésus-Christ. Il n'est pas de soldat qui s'embarrasse des affaires de la vie, s'il veut plaire à celui qui l'a enrôlé ; et l'athlète n'est pas couronné, s'il n'a combattu suivant les règles. Il faut que le laboureur travaille avant de recueillir les fruits. Comprends ce que je dis, car le Seigneur te donnera de l'intelligence en toutes choses.* » 2 Timothée 2 : 3-7

Au travers de ce livre, il faut vraiment prendre le temps pour réfléchir, méditer, se demander où vous en êtes aujourd'hui. Quelque part, si vous êtes connecté à ce livre, c'est parce que vous ressentez que la personne que vous êtes appelée à être en a assez de ne pas être libérée et se sent emprisonnée. Votre « vous » intérieur n'arrive pas à se manifester, parce que quelque part, il n'est pas dans le bon environnement. Il se sent comme étouffé. Grâce à ce livre, vous allez trouver des outils qui vont vous aider à « devenir-vous ».

Vous allez trouver des Paroles qui vont vous libérer, des Paroles qui vont vous permettre à « devenir-vous ». Prenez le temps de lire ce livre pendant 15 minutes à 30 minutes par jour. A l'issue de ce voyage, vous sortirez de là avec un témoignage. Quelqu'un, quelque part, attend que le champion, que le guerrier qui est en vous soit manifesté au regard de toute la création.

Bonne lecture !

RESUME

C'est quoi « Devenir -Vous » ?

Dans le premier ouvrage « *Devenez-Vous !* » de la série « *Au commencement, il n'en était pas ainsi* », on a pris conscience que nous devons être dans le bon environnement pour manifester les bonnes œuvres que nous sommes appelés à libérer.
Donc vous conviendrez avec moi que nous ne devons pas perdre du temps dans un environnement hostile.

Alors que nous sommes en route pour manifester ces bonnes œuvres, nous allons rencontrer de l'opposition, mais nous allons persévérer pour devenir-nous.
C'est ce qui est l'objet de cet ouvrage, savoir comment persévérer jusqu'à la fin, malgré les oppositions, les coups bas, les attaques de l'adversaire, etc.

"Devenir-vous" a été inspiré, pour pouvoir encourager toutes ces personnes qui ont décidé d'obéir, de suivre, de marcher dans les pas de Christ, pour devenir elles. Ce sont ces personnes qui refusent de subir l'injustice de la situation qu'elles traversent aujourd'hui. Oui, elles ont décidé de prêter allégeance à l'agneau en payant le prix afin que leur vie puisse contribuer à écrire l'histoire.

Ce livre est donc fait pour vous, pour vous aider à revenir au commencement. C'est là où était votre zèle, pour vous aider à savoir comment reprendre la course, et laisser le géant qui crie à l'intérieur de vous, ce héros insatisfait, ce vaillant combattant persévérer, être révélé à toute la création jusqu'à ce que Christ soit pleinement formé en nous.
C'est ça « Devenir-vous » ! Waouh !

« Car Christ est ma vie, et la mort m'est un gain. Mais s'il est utile pour mon œuvre que je vive dans la chair, je ne saurais dire ce que je dois préférer. Je suis pressé des deux côtés : j'ai le désir de m'en aller et d'être avec Christ, ce qui de beaucoup est le meilleur ; mais à cause de vous il est plus nécessaire que je demeure dans la chair.... »
Philippiens 1 : 21-24

Devenir-vous, pour rendre hommage à tous nos héros de la foi.
Kam PERSA, pour vous servir !

AVANT-PROPOS

Seigneur, voici un cœur qui veut vivre ta volonté.

« *Car Christ est ma vie, et la mort m'est un gain. Mais s'il est utile pour mon œuvre que je vive dans la chair, je ne saurais dire ce que je dois préférer. Je suis pressé des deux côtés : j'ai le désir de m'en aller et d'être avec Christ, ce qui de beaucoup est le meilleur ;* » Philippiens 1 :21 – 23, LSG

Alors que le Créateur, Notre potier a décidé de faire l'argile que nous somme une certaine poterie, de le polir dans une certaine direction, l'argile ne va pas dire au Potier « pourquoi, me façonne-tu de cette manière ? »

> Et il ne va pas non plus changer sa position, s'il veut que le Potier puisse bien le façonner.

Alors qu'il verra le potier le construire, le bâtir, il ne va pas dire « Ah, maintenant que tu m'as bâti, moi j'ai envie d'aller là, j'ai envie de faire ci, j'ai envie de faire ça. » Bien au contraire, il va demander au potier

- **« Pourquoi m'as-tu fait de cette manière ? À quoi je vais servir ?**

> Quel est ma destinée ? Où vais-je ? »

Si nous pouvons comprendre ces choses, que nous ne sommes pas venus sur la terre par accident pour se comparer à quelqu'un, mais que nous sommes venus sur la terre pour devenir ce pourquoi nous avons été créés, pour manifester ce que nous sommes appelés à manifester dans notre génération.

- **Christ qui est en train de nous bâtir et d'être formé en nous au travers des situations que nous traversons**

« *Nous savons, du reste, que toutes choses concourent au bien de ceux qui aiment Dieu, de ceux qui sont appelés selon son dessein.* » Romains 8 :28, Louis Segond 1910 (LSG)

C'est pour cela que nous comprenons que « devenir-vous » c'est l'expression de notre foi, c'est un processus pour libérer le dessein du Créateur au travers de chaque situation que nous traversons.

C'est ce que voyage que nous allons faire ensemble ou nous allons comprendre que nous avons en nous tout ce dont nous avons besoin pour devenir ce que nous croyons.

C'est pourquoi toute la création s'alignera du nord, du sud, de l'est et de l'ouest pour emmener les desseins du Créateur à manifestation alors que nous choisissons de Le connaître au travers de chaque saison de notre vie.

- **Les temps sont mauvais, mais ils ne sont pas mauvais pour nous**

« *Lève-toi, sois éclairée, car ta lumière arrive, Et la gloire de l'Éternel se lève sur toi. Voici, les ténèbres couvrent la terre, Et l'obscurité les peuples ; Mais sur toi l'Éternel se lève, Sur toi sa gloire apparaît.* » Ésaïe 60 :1-3, Louis Segond 1910 (LSG)

Dans le premier ouvrage de la série « Au commencement, il n'en était pas ainsi », on a pris conscience que nous devons être dans le bon environnement pour manifester les bonnes œuvres que nous sommes appelés à libérer.

Donc vous conviendrez avec moi que nous ne devons pas perdre du temps dans un environnement hostile.

> Alors que nous sommes en route pour manifester ces bonnes œuvres, nous allons rencontrer de l'opposition, mais nous allons persévérer pour devenir-nous.

C'est ce qui est l'objet de cet ouvrage, savoir comment persévérer jusqu'à la fin, malgré les oppositions, les coups bas, les attaques de l'adversaire, etc.

1. L'EPREUVE DE NOTRE FOI

« *Nous donc aussi, puisque nous sommes entourés d'une si grande nuée de témoins, rejetons tout fardeau et le péché qui nous enveloppe si facilement, et courons avec persévérance l'épreuve qui nous est proposée.* » Hébreux 12 :1-2 S21.

- **Prions pour racheter le temps**

Père, enlève de notre entourage toutes les mauvaises graines, toutes les ivraies, et accorde-nous la grâce de courir notre course, de courir dans la carrière, la carrière qui nous est proposée, avec, c'est-à-dire les bonnes personnes, les personnes qui viendront porter la vision, nous encourager et nous aider à libérer ce que tu as mis en nous, afin que Père, les nations, toutes les âmes destinées à la vie éternelle reviennent à toi, telle est ma prière au nom de Jésus.

Alors que Père, nous sommes en route pour quelques-uns et pour d'autres en train de courir comme à l'aventure, mais pour ceux qui ne vont pas, dans la direction que Tu attends, Père, s'il te plaît, toutes ces âmes destinées à la vie éternelle, qui sont sur la route de ceux qui sont en train de se battre, gardes-les en ton nom, au nom de Jésus !

Ne permet qu'aucune de ces âmes ne se perdent. Et que tous soient sauvés, parce que Jésus pouvait dire, j'ai gardé tout ce que tu m'as confié et que personne ne s'est perdu, sauf le fils de la perdition. Accorde-nous la grâce Seigneur, de ne perdre aucune des âmes que tu nous as confiées. Au contraire, je te supplie Seigneur, de les garder en ton nom, de ne pas faire en sorte que tous ceux qui viennent pour bloquer la vision empêchent le salut de ces âmes, au nom de Jésus !

Oh s'il te plaît Seigneur, toi-même qui es le potier, toi-même qui es l'architecte de nos vies, s'il te plaît, garde ces âmes destinées à la vie éternelle, que ton Esprit Seigneur, qui a été planté en ces âmes, quand elles ont fait la prière du salut, les gardes attachées à toi, et qu'au travers des épreuves qu'elles vont traverser, que ces personnes reviennent à toi, au nom de Jésus.

Père, Nous avons désespérément besoin de Toi pour Devenir-Nous.

- **Sois notre conducteur**

> Tous m'abandonnent et prennent la fuite, a dit Jésus. Mais le Père ne m'abandonne pas, le Père est avec moi.

« Alors tous l'abandonnèrent, et prirent la fuite. » Marc 14 :50 LSG

Alors que nous sommes en train de courir dans la carrière qui nous est ouverte, accorde-nous la grâce de mener la course, les regards fixés vers Jésus, l'auteur de notre foi, et qu'il amène à la perfection.

Ne laisse personne rester autour de nous, être autour de nous que tu ne nous aie pas confié.

- **Aide-nous à savoir discerner dans notre entourage le fils de la perdition**

Père, accorde-moi la grâce de courir avec Toi, de courir pas comme à l'aventure, accorde-nous la grâce de remporter le prix de la vocation céleste de Dieu en Christ.

> *Lorsque j'étais avec eux dans le monde, je les gardais en ton nom. J'ai gardé ceux que tu m'as donnés, et aucun d'eux ne s'est perdu, sinon le fils de perdition, afin que l'Ecriture fût accomplie.* Jean 17 :12 LSG

- **Les héros de la foi (cette nuée de témoins nous attend)**

Persévérons alors que nous sommes en train de courir notre couse et ne nous laissons pas gagner par la fatigue ou le découragement sachant que nous avons en vue notre cité permanente et que nous ne combattons pas pour remporter la victoire mais nous combattons à partir de la victoire de Christ sachant que notre espérance n'est pas vaine dans le Seigneur.

On va courir tous ensemble les yeux fixés sur Christ l'auteur de notre foi et c'est lui qui va rendre notre foi parfaite.

Alors que nous sommes en train de courir notre course, Christ continue d'être formé en chacun de nous. Et ce n'est pas fini tant qu'il n'a pas dit que c'est fini. Il sera avec nous jusqu'à la fin de notre mission terrestre

> Oui tous ces héros de la foi nous regardent à notre tour courir la course et ils nous attendent pour célébrer ensemble nos victoires, la victoire de Christ formé en nous. Amen !

« Il est beau d'avoir du zèle pour ce qui est bien et en tout temps, et non pas seulement quand je suis présent parmi vous. Mes enfants, pour qui j'éprouve de nouveau les douleurs de l'enfantement, jusqu'à ce que Christ soit formé en vous, »
Galate 4 : 18-19

Ce livre, « Devenir -Vous ! » va véritablement encourager quelqu'un à garder son espérance même lorsqu'il traversera des moments difficiles.

………/………/………… après lecture de ce chapitre,

……………………………………………………………………………………

……………………………………………………………………………………

……………………………………………………………………………………

……………………………………………………………………………………

……………………………………………………………………………………

……………………………………………………………………………………

……………………………………………………………………………………

……………………………………………………………………………………

……………………………………………………………………………………

……………………………………………………………………………………

……………………………………………………………………………………

……………………………………………………………………………………

……………………………………………………………………………………

……………………………………………………………………………………

……………………………………………………………………………………

……………………………………………………………………………………

……………………………………………………………………………………

……………………………………………………………………………………

……………………………………………………………………………………

……………………………………………………………………………………

……………………………………………………………………………………

2. POURQUOI “DEVENIR-VOUS” ?

> « Devenir-vous », c'est vraiment le but ultime. Tu nous as créés pour devenir nous.

« L'Eternel a tout fait pour un but, Même le méchant pour le jour du malheur ». Proverbes 16 :4

- **Mais quand Jésus viendra, trouvera-t-Il la foi sur terre ?**

"Je vous le dis, il leur fera rapidement justice. Mais, quand le Fils de l'homme viendra, trouvera-t-il la foi sur la terre ?
Luc 18 :8 La Bible Second 21 (S21)

Alors, "Devenir-vous" a été inspiré, pour pouvoir encourager toutes ces personnes qui ont décidé de te suivre, de marcher dans tes pas, pour devenir elles, et de refuser la situation qu'elles vivent aujourd'hui, mais elles ont décidé de revenir à toi, pour pouvoir reprendre la course.

Revenir à ce géant qui est en eux, qui criait, qui avait besoin de toi. Ça c'est le livre « Devenir-vous ».

> « Devenir-vous », c'est pour tous ceux qui sont en Christ, qui veulent que Christ soit formé en eux, mais qui se sentent ballotés à gauche, à droite, et qui peuvent parfois sortir de leur emplacement et qui décident de revenir là où Tu les attends même si cela fait mal.

Alors que le Père veut qu'ils restent bien fixes et qu'ils ne bougent pas, pendant que Lui est en train de les former, de bâtir Christ en eux afin de les emmener à la maturité, eux doivent rester attacher à Christ qui est le véritable Cep.

« Je suis le cep, vous êtes les sarments. Celui qui demeure en moi et en qui je demeure porte beaucoup de fruit, car sans moi vous ne pouvez rien faire. » Jean 15 :5 LSG S21

> Ces personnes-là doivent rester à leur place sans bouger jusqu'à ce que Christ soit pleinement formé en eux. Et ça c'est « Devenir-vous ».

« Devenir-vous » est inspiré de ma propre expérience. Alors que je suis en train de combattre pour pouvoir finir mon livre "*Devenez-vous !*", mon 2ème livre "*Devenir-vous*" est monté dans mon cœur parce que c'était comme une révélation où j'ai compris que c'était le but ultime, la vision pour laquelle nous sommes suscitées.

Mes enfants, pour qui j'éprouve de nouveau les douleurs de l'enfantement, jusqu'à ce que Christ soit formé en vous,

Galate 4 : 19 LSG

- **Nous devons nous laisser bâtir, construire par Dieu pour ces bonnes œuvres pour lesquelles Il nous a crée**

Et pendant qu'on va le faire, autour de nous, on aura des gens qui seront là, alors que nous voulons faire les bonnes œuvres, eux vont nous emmener dans une direction pour faire juste des œuvres.

Alors que nous avons besoin de faire ces bonnes œuvres pour lesquelles nous avons été suscitées.

> Ces personnes seront là et ont pour mission de nous distraire et de nous empêcher d'avancer parce qu'elles sont concentrées sur elles sans avoir à cœur le fardeau du Père pour le laisser accomplir Sa vision au travers de nos vies.

Car il en est plusieurs qui marchent en ennemis de la croix de Christ, je vous en ai souvent parlé, et j'en parle maintenant encore en pleurant. Leur fin sera la perdition ; ils ont pour dieu leur ventre, ils mettent leur gloire dans ce qui fait leur honte, ils ne pensent qu'aux choses de la terre. Mais notre cité à nous est dans les cieux, d'où nous attendons aussi comme Sauveur le Seigneur Jésus-Christ, Philippiens 3 :19-20 LSG

C'est pourquoi Seigneur, "Devenir-vous" est vraiment une révélation. C'est notre appel à faire dans notre nation des disciples et Dieu le Père sera avec nous tous les jours depuis le commencement de notre ministère, notre mission jusqu'à la fin de notre mission terrestre

- **Pour tous ceux qui ont décidé de vivre leur destinée en Christ**

"Devenir-vous", c'est notre appel ultime. C'est l'appel qui va nous permettre de courir, non comme à l'aventure, non comme battant de l'air, mais courir dans la carrière qu'il nous a proposé. Les yeux fixés vers Jésus, l'auteur de notre foi, et qu'Il amène à la perfection.

Je veux juste dire merci à Dieu pour son but qu'Il a mis en nous parce que ce n'est pas tout le monde qui peut avoir une telle vision. C'est ceux qui ont décidé de mourir, qui ont décidé d'être utile pour Toi. C'est ceux qui ont décidé de porter la charge.

C'est ceux qui ont décidé de voir ton règne être manifesté. C'est pourquoi Seigneur accorde-nous la grâce, de courir et d'accomplir notre mission en Christ Jésus.

- **À partir d'aujourd'hui, ta vie est un miracle !**

> Votre capacité à Devenir-vous, dépend de votre capacité à savoir vous relever, car sept fois le juste tombe, mais sept fois l'Eternel le relève.

Toutes les personnes qui ont décidé de devenir elle-même sont des personnes courageuses, c'est pour cela qu'Enoch a été enlevé, parce qu'il a été trouvé agréable à Dieu.

Il était un homme courageux et un homme de foi :

"C'est par la foi qu'Enoch fut enlevé pour qu'il ne vît point la mort, et qu'il ne parut plus parce Dieu l'avait enlevé ; car, avant son enlèvement, il avait reçu le témoignage qu'il était agréable à Dieu."
Hébreux 11:5, Louis Segond

En conclusion

Pour "Devenir-vous", il s'agit de vos croyances, de votre vision, de là où vous voulez allez dans la vie. Lire les témoignages des héros de la foi (Hébreux 11)

> *Je ne vous appelle plus serviteurs, parce que le serviteur ne sait pas ce que fait son maître ; mais je vous ai appelés amis, parce que je vous ai fait connaître tout ce que j'ai appris de mon Père. Ce n'est pas vous qui m'avez choisi ; mais moi, je vous ai choisis, et je vous ai établis, afin que vous alliez, et que vous portiez du fruit, et que votre fruit demeure, afin que ce que vous demanderez au Père en mon nom, il vous le donne.* Jean 15 :16 LSG

Donc « Devenir-vous » vous aidera à rester attaché à Christ, là où Il vous à appeler à manifester vos bonnes œuvres et porter du fruit qui demeure.

………/………/………… après lecture de ce chapitre,

……………………………………………………………………………………………

……………………………………………………………………………………………

……………………………………………………………………………………………

……………………………………………………………………………………………

……………………………………………………………………………………………

……………………………………………………………………………………………

……………………………………………………………………………………………

……………………………………………………………………………………………

……………………………………………………………………………………………

……………………………………………………………………………………………

……………………………………………………………………………………………

……………………………………………………………………………………………

……………………………………………………………………………………………

……………………………………………………………………………………………

……………………………………………………………………………………………

……………………………………………………………………………………………

……………………………………………………………………………………………

……………………………………………………………………………………………

……………………………………………………………………………………………

……………………………………………………………………………………………

……………………………………………………………………………………………

……………………………………………………………………………………………

……

……

……

……

……

……

……

……

……

……

……

……

……

……

……

……

……

……

……

……

……

……

3. PRISE DE CONSCIENCE

"… à tous ceux qui l'ont reçue, à ceux qui croient en son nom, elle a donné le pouvoir de devenir enfants de Dieu." Jean 1 :12 Louis Segond

- **Le pouvoir de devenir**

> Etant donné que Dieu ne se repent pas de Ses dons ni de Son appel, ce pouvoir de devenir est notre arme pour manifester ces bonnes œuvres que Dieu a prévu d'avance afin que nous les pratiquions.

"Car Dieu ne se repent pas de Ses dons et de son appel. Car les dons et la vocation de Dieu sont sans repentance. Car les dons de grâce et l'appel de Dieu sont sans repentir." Romains 11 :29 LSG

C'est pour cela que nous devons faire attention à nos désirs, car si nous désirons quelque chose fortement cette chose peut se manifester dans le visible avec ce pouvoir de devenir.

- **Jésus-Christ est ma vie, la mort m'est un gain**

> On se pose la question, pourquoi la mort m'est un gain ?

Car Christ est ma vie, et la mort m'est un gain. Mais s'il est utile pour mon œuvre que je vive dans la chair, je ne saurais dire ce que je dois préférer. Je suis pressé des deux côtés : j'ai le désir de m'en aller et d'être avec Christ, ce qui de beaucoup est le meilleur ; mais à cause de vous il est plus nécessaire que je demeure dans la chair…. Philippiens 1: 21-24

- Parce que Jésus lui-même est mort pour sauver l'humanité et Dieu L'a ressuscité.

  Etant le premier né d'entre nous ses frères, nous savons aussi que nous ressusciterons. Romains 8:29 LSG

> *Jésus le Christ est l'image du Dieu invisible, le premier-né de toute la création.* Colossiens 1:15 LSG
> *Quant à nous, nous sommes citoyens des cieux, d'où nous attendons que vienne notre Sauveur, le Seigneur Jésus-Christ.* Philippiens 3:20 BFC.

- Il est vrai que lorsque mon corps avait été très malade et j'avais cherché Dieu parce que je pensais à mes enfants et je savais que je n'avais pas encore fini ma course pour leur éducation ; la Parole que j'écoutais chaque jour pour recevoir ma guérison a vivifié mon corps ; et par la grâce de Dieu mon corps a été guéri parce que c'était Sa volonté. Je prie que soit votre partage au nom de Jésus !

- Paul pouvait dire :
  "Je suis pressé des deux côtés : j'ai le désir de m'en aller et d'être avec Christ, ce qui de beaucoup est le meilleur ; mais à cause de vous il est plus nécessaire que je demeure dans la chair." Philippiens 1 : 23-24 Louis Segond

  Parce que m'en aller, c'est la solution qui est de loin la meilleure ; Parce que je serai toujours avec Lui, dans la paix, dans la félicité. Mais pour votre salut, pour votre édification, je reste encore pour un peu de temps.

- Est-ce que ce que Paul a dit vous parle ?

Nous aussi, nous pouvons dire avec assurance que Jésus Christ est ma vie, oui, la mort m'est un gain.

- **Pourquoi la mort est un gain ?**

Soyez tous mes imitateurs, frères, et portez les regards sur ceux qui marchent selon le modèle que vous avez en nous. Car il en est plusieurs qui marchent en ennemis de la croix de Christ, je vous en ai souvent parlé, et j'en parle maintenant encore en pleurant.... Leur fin sera la perdition ; ils ont pour dieu leur ventre, ils mettent leur gloire dans ce qui fait leur honte, ils ne pensent qu'aux choses de la terre. Mais notre cité à nous est dans les cieux, d'où nous attendons aussi comme Sauveur le Seigneur Jésus-Christ, … Philippiens 3 :17-20

➢ Parce que j'apprends l'humilité

Parce que lorsque je meurs à moi, que je m'humilie, que j'oublie mon moi, mon égo, quand je pense au bien de mon prochain, je meurs à moi, j'oublie mes intérêts et je considère les besoins des autres et ceci n'est pas naturel, c'est divin, c'est l'amour agapè.

"Ne faites rien par esprit de parti ou par vaine gloire, mais que l'humilité vous fasse regarder les autres comme étant au-dessus de vous-mêmes. Que chacun de vous, au lieu de considérer ses propres intérêts, considère aussi ceux des autres" Philippiens 1 : 23-24 Louis Segond

➢ Parce que Jésus le Christ est notre modèle

La Parole déclare que Christ lui-même, a décidé d'oublier sa condition de fils, de roi, de qui Il était, et Il s'est humilié jusqu'à la mort sur la croix.

"Il s'est humilié lui-même, se rendant obéissant jusqu'à la mort, même jusqu'à la mort de la croix. » Philippiens 2:8 Louis Segond

La Parole déclare que c'est alors que Dieu l'a souverainement élevé .

- **Comment Dieu a élevé Jésus ?**

Il lui a donné un « nom »

Dieu a donné un nom au-dessus de tout nom qui peut se nommer sur la terre, sous les mères et dans les cieux à « **Jésus** » parce qu'Il s'est humilié.

Alors pensons à un nom :

- la colère
- la maladie
- l'échec
- l'injustice
- l'abandon
- la peur
- la guerre
- la dépression
- l'anxiété
- l'inquiétudes
- les limitations
- les blocages
- etc…

- **Quel est ce nom qui combat ta foi ?**

Dieu va vous donner un nom au-dessus de tout nom, alors que vous choisissez, vous aussi comme Jésus, de vous humilier, de renoncer au moi et de choisir de mourir à vous-même.

'En effet, celui qui veut sauver sa vie la perdra ; mais celui qui perdra sa vie pour moi la retrouvera. Matthieu 16 :25 LSG

- **Alors que vous décidez de renoncer à vous, Dieu vous donnera aussi un nom**

Et vous verrez que, quelle que soit la situation que vous traversez en ce moment où les situations à venir, comme la Parole de Dieu est un médicament Dieu se révèlera à vous en vous donnant un nom.

« *Mon fils, sois attentif à mes Paroles, tends l'oreille vers mes discours ! Qu'ils ne s'éloignent pas de tes yeux ! Garde-les au fond de ton cœur, car ils apportent la vie à ceux qui les trouvent, la guérison à tout leur corps.* » Proverbes 4 :20-22 S21.

« *Ce sera la santé pour tes muscles, Et un rafraîchissement pour tes os.* » Proverbes 3 :8

> S'humilier, nous donnera le nom qui est au-dessus de tout nom qui peut se nommer.

C'est pourquoi nous pouvons dire avec assurance. Jésus Christ est ma vie et la mort m'est un gain. Jésus Christ est ma vie, ma lumière, mon rocher, mon appui, ma forteresse, ma haute retraite…Que peut me faire un homme ? etc.

« *C'est donc avec assurance que nous pouvons dire : Le Seigneur est mon aide, je ne craindrai rien ; Que peut me faire un homme ?* » Hébreux 13 :6, Louis Segond Bible

- **Nous avons en nous le pouvoir de devenir**

> Dès que nous choisissons de devenir enfants de Dieu, nous avons en nous ce pouvoir de devenir ce à quoi on pense.

C'est pourquoi la Bible déclare que « *la mort et la vie sont au pouvoir de la langue ; Quiconque l'aime en mangera les fruits.* » Proverbe 18 : 21, Bible LSG ;

- **Notre pensée est une Parole silencieuse**

Notre pensée est une Parole silencieuse. C'est pour cela que quelqu'un pouvait dire :

« *Ce que tu es parle plus fort que ce que tu dis* »

> *Car il est comme les pensées de son âme. Mange et bois, te dira-t-il ; Mais son cœur n'est point avec toi.* Proverbes 23 :7 LSG

- **La Parole a le pouvoir de nous aider à devenir**

Nous amenons à manifestation les circonstances favorables ou en accord avec les Paroles ou les pensées dominantes de nos cœurs ou notre monde intérieur car nos Paroles prennent vie, nous devons donc décider d'amener à manifestation les dessins du créateur en déclarant Sa Parole.

Nous devons être conscient que nos Paroles ont le pouvoir de construire la vie que le Créateur a prévu pour nous ou de construire une vie qui n'est pas notre vie.

« *Oui, moi, le Seigneur, je connais les projets que je forme pour vous. Je le déclare : ce ne sont pas des projets de malheur mais des projets de bonheur. Je veux vous donner un avenir plein d'espérance.* » Jérémie 29:11 PDV2017.

> Chaque Parole est une graine qui finit par porter du fruit qu'il soit bon ou mauvais. D'où l'importance de parler selon la vérité de Dieu et non selon la peur, les blessures

> ou le découragement ou les circonstances que nous traversons.

- **Pensons régulièrement à ce que nous voulons nous voir devenir**

Vous verrez qu'il n'est question que de peu de temps avant qu'une pensée se manifeste. Pourquoi ? Parce que nous sommes nés de Dieu, nous sommes sortis de Dieu, et nous avons en nous cette capacité, cette puissance, ce pouvoir de devenir.

> C'est pourquoi l'ennemi fait en sorte que nous ayons des mauvaises pensées, des pensées de peur, des pensées d'échec, des pensées de limitation, des pensées de haine, des pensées qui peuvent réellement contribuer à notre destruction.

Quand on aura de telles pensées et comme nous avons en nous le pouvoir de devenir, parce que Dieu ne va pas se repentir de ses dons ni de son appel ;

> alors nous verrons malheureusement que tout cela va courir et se mettre en œuvre dans notre vie et nous allons nous voir vivre la dépression, vivre la maladie, vivre des choses auxquelles on a peur, alors que ça n'a jamais été le plan de Dieu.

- **Pourquoi nous vivons ce que nous ne voulons pas vivre c'est parce que**

« … *Dieu ne reprend pas ce qu'il a donné et ne change pas d'idée à l'égard de ceux qu'il a appelés.* »

Romains 11 :29 Bible en français courant (BFC)

Donc il faut utiliser ce pouvoir que Dieu a mis en nous de devenir pour devenir ce que Dieu veut que nous soyons, la Parole déclare que nous pouvons tout par Christ qui nous fortifie.

« *Je puis tout par celui qui me fortifie.* » Louis Segond 1910

Alors que nous choisissons de devenir ce que Dieu veut que nous devenions, parce qu'il nous a donné le pouvoir de marcher sur toute la puissance de l'ennemi et que rien ne pourra nous nuire, nous allons penser désormais à ce que nous voulons devenir et non à ce que nous vivons de contraire à la Parole de Dieu.

> *Car ceux qu'il a connus d'avance, il les a aussi prédestinés à être semblables à l'image de son Fils, afin que son Fils fût le premier-né entre plusieurs frères. Et ceux qu'il a prédestinés, il les a aussi appelés ; et ceux qu'il a appelés, il les a aussi justifiés ; et ceux qu'il a justifiés, il les a aussi glorifiés….* Romains 8:29-30

> Quand Dieu nous a créés, Il a mis en nous notre commencement et la fin de notre mission terrestre.

- **Ça veut dire quoi ?**

Ça veut dire que lorsque notre commencement arrive, nous sommes excités de pouvoir manifester Christ, les bonnes œuvres qu'Il a prévues pour nous. On y va à fond.

Mais pendant la route, on aura des moments difficiles parce qu'Il a dit que vous aurez des tribulations dans le monde. Mais Il n'a pas dit que ce sera la fin. Il a dit prenons courage car Il a vaincu le monde.

« *Je vous ai dit cela afin que vous ayez la paix en moi. Vous aurez à souffrir dans le monde, mais prenez courage : moi, j'ai vaincu le monde* » Jean 16 :33, La Bible Segond 21 (S21)

- **On a déjà vaincu le monde**

Donc, quand les tribulations arrivent, on ne pleure pas, on ne se lamente pas, on ne s'inquiète pas, mais on va combattre avec Christ.

La Parole déclare que Paul pouvait dire qu'il a combattu le bon combat de la foi, il a achevé la course et que désormais la couronne de justice lui est réservée.

« *J'ai combattu le bon combat, j'ai achevé la course, j'ai gardé la foi. Désormais la couronne de justice m'est réservée ; le Seigneur, le juste juge, me la donnera dans ce jour-là, et non seulement à moi, mais encore à tous ceux qui auront aimé son avènement.* » 2 Timothée 4 :7-8 LSG.

Pourquoi il parle d'une couronne de justice ?

- **Parce que nous allons traverser des injustices**

C'est une injustice quand :

- Notre corps est malade, lorsqu'un être cher part avant son temps.
- nous n'arrivons pas à vivre les desseins que Dieu a prévus pour nous.

- C'est une injustice lorsque nous sommes ballottés à droite, à gauche, par les circonstances que nous traversons, des situations que nous ne voulons pas vivre.

- **Pourquoi ces situations que nous traversons sont des injustices ?**

Parce que Jésus a déjà tout pris à la croix.

> Et parce que Jésus a tout pris à la croix déjà, nous devons réclamer justice comme la veuve qui pouvait aller auprès du juge inique et lui demander, nuit et jours, une seule phrase. « Fais-moi justice devant mes adversaires. Ou les situations que je traverse ».

« *Néanmoins, parce que cette veuve m'importune, je lui ferai justice, afin qu'elle ne vienne pas sans cesse me rompre la tête. 6Le Seigneur ajouta : Entendez ce que dit le juge inique. 7Et Dieu ne fera-t-il pas justice à ses élus, qui crient à lui jour et nuit, et tardera-t-il à leur égard ?* »
Luc 18:5-7, LSG

Fais-moi justice de cette maladie. Fais-moi justice de ce mariage qui ne va pas bien. Fais-moi justice de cet enfant que j'attends depuis des années. Fais-moi justice de ce loyer que je n'arrive pas à payer. Fais-moi justice vis-à-vis de ces limitations auxquelles je fais face.

Mettez à côté tout nom que vous voulez mettre.

> Dieu va vous faire justice, inévitablement. Vous avez le pouvoir de devenir.

- **Vous avez le pouvoir, comme cette femme, de plaider nuit et jour auprès du Père : « Fais-moi « justice » de mon adversaire »**

Il a dit « À combien plus forte raison le Père ne fera-t-il pas justice à ses élus qui crient à lui nuit et jour ? Dieu s'attend à ce que nous crions à lui.

Et quand un juste ou un malheureux cri, l'Éternel entend et la Parole déclare, qu'Il l'arrache de toutes ses détresses. Ne pleurons plus, ne nous lamentons plus.

« *Quand un malheureux crie, l'Éternel entend, Et il le sauve de toutes ses détresses. L'ange de l'Éternel campe autour de ceux qui le craignent, Et il les arrache au danger.* » Psaumes 34:7-8 LSG

Quand nous partons dans les procès et que les gens pleurent, ils disent « *non, ce n'est pas vrai, c'est faux, qu'est-ce qui se passe ?* » On va quand même les mettre en prison s'ils ont subi des injustices.

Mais quand ils arrivent avec des preuves, quand ils plaident, quand ils parlent pour se justifier, qu'est-ce qui se passe ? Ils peuvent obtenir justice. Et avec Dieu, la Parole déclare qu'il nous fait toujours triompher en Christ Jésus. C'est pourquoi nous ne perdons pas de courage, même lorsque notre être extérieur se détériore.

« *Rappelle-moi ce que tu me reproches, discutons tous les deux cette affaire ; énumère les faits qui te donnent raison.* » Ésaïe 43:26

Nous devons donc plaider et demander à Dieu de nous faire justice.

- **Qu'est-ce que la Parole déclare ?**

> Notre être intérieur se renouvelle de jour en jour.

Et ça, c'est la promesse que déclare notre Parole, la Parole de Dieu.

> *« C'est pourquoi nous ne perdons pas courage. Et lors même que notre homme extérieur se détruit, notre homme intérieur se renouvelle de jour en jour. Car nos légères afflictions du moment présent produisent pour nous, au-delà de toute mesure, un poids éternel de gloire »* 2 Corinthiens 4 :16-17

Notre être intérieur se renouvelle. Nous courons et nous ne nous lassons pas. Nous allons come battant l'air, mais nous ne perdons pas courage. Même si en face de nous, il y a de l'adversité, nous allons.

« *Moi donc, je cours, non pas comme à l'aventure ; je frappe, non pas comme battant l'air. Mais je traite durement mon corps et je le tiens assujetti, de peur d'être moi-même rejeté, après avoir prêché aux autres.* » 1 Corinthiens 9:26-27 LSG

La Parole est claire que mille vont tomber à notre gauche, dix mille à notre droite, nous ne serons pas atteint. De nos yeux nous regarderont et nous verrons la rétribution des méchants.

« *Que mille tombent à ton côté, Et dix mille à ta droite, Tu ne seras pas atteint ; De tes yeux seulement tu regarderas, Et tu verras la rétribution des méchants.* » Psaumes 91 : 7-8

- **Donc qui sont les méchants ?**

Ce sont ces voleurs de notre vie, les voleurs de destinée, ce qui nous empêche de vivre Christ, de vivre cette vie excellente, cette vie merveilleuse, parce qu'on a un avenir qui est fait d'espérance et non de malheur. Et dans notre commencement et dans la fin de notre mission terrestre, dans ce parcours, Dieu a mis cet avenir-là.

À partir d'aujourd'hui, prend la décision de ne plus pleurer, de ne plus te lamenter, mais de te lever et d'agir, de te lever et de prendre courage.

Prenons courage parce que tous nos jours sont comptés et Dieu tient nos vies dans le creux de ses mains.

« ***Fortifie-toi et prends courage,*** *car c'est toi qui mettras ce peuple en possession du pays que j'ai juré à leurs pères de leur donner.* » Josué 1:6 LSG

- **Si Dieu est pour nous, qui peut être contre nous ? Que peut nous faire un homme ?**

« *L'Eternel est pour moi, je ne crains rien : Que peuvent me faire des hommes ?* » **Psaume 118 :6**

Si vous avez un rêve, il n'est pas trop tard. Caleb malgré l'âge de 85 ans, on pouvait dire de lui que Ton serviteur est aussi jeune que lorsque la Parole lui a été donnée, la promesse lui a été donnée.

« Maintenant voici, l'Éternel m'a fait vivre, comme il l'a dit. Il y a quarante-cinq ans que l'Éternel parlait ainsi à Moïse, lorsqu'Israël marchait dans le désert ; et maintenant voici, je suis âgé aujourd'hui de quatre-vingt-cinq (85) ans ». Josué 14:10 (LSG)

Donc, quel que soit ton âge aujourd'hui, Dieu veut que ta vie soit un miracle.

La Parole déclare que Dieu accompagnait et confirmait sa Parole par des signes, des prodiges et des miracles. C'est ce qu'Il va faire dans ta vie aujourd'hui, comme Il l'a fait autour des disciples. La Parole de Dieu est un médicament, déclarent les Écritures.

Et ils s'en allèrent prêcher partout. Le Seigneur travaillait avec eux, et confirmait la Parole par les miracles qui l'accompagnaient.

« Et ils s'en allèrent prêcher partout. Le Seigneur travaillait avec eux, et confirmait la Parole par les miracles qui l'accompagnaient. »
Marc 16:20 (LSG)

On a beau prendre des médicaments à gauche à droite, oui Dieu a donné la sagesse à l'être humain pour

> créer les médicaments, mais le vrai médicament c'est la Parole de Dieu.

Avec la Parole, on a de la sagesse pour construire n'importe quel édifice (mariage, travail, relations etc…) ; Et avec l'intelligence on peut affermir ce qu'on a bâti et c'est le Saint Eprit qui nous aide et nous donne de l'intelligence et avec la connaissance on peut remplir ce qu'on a bâti.

« C'est par la sagesse qu'une maison s'élève, Et par l'intelligence qu'elle s'affermit; C'est par la science que les chambres se remplissent De tous les biens précieux et agréables » Proverbes 24 : 3-4 (LSG)

Ah, je vous dis, mon frère, ma sœur, quand tu regardes ce que la Parole déclare, la Parole va te porter et tu vas courir, tu ne vas pas te lasser. Tu vas aller à l'aventure, mais pas comme battant de l'air. Tu vas courir pour remporter le prix de ta vocation céleste de Dieu en Jésus-Christ.

- **Comment on va le faire avec Jésus ? Pourquoi ?**

Parce que nous sommes environnés d'une si grande nuée de témoins.

« *Nous donc aussi, puisque nous sommes entourés d'une si grande nuée de témoins, rejetons tout fardeau et le péché qui nous enveloppe si facilement, et courons avec persévérance l'épreuve qui nous est proposée. Faisons-le en gardant les regards sur Jésus, qui fait naître la foi et la mène à la perfection. En échange de la joie qui lui était réservée, il a souffert la croix en méprisant la honte qui s'y attachait et il s'est assis à la droite du trône de Dieu.* » Hébreux 12 :1-2 S21

Devant tous ces témoins, ces héros de la foi, ceux qui nous ont devancés, ceux qui sont partis, devant la création, nous n'allons pas fléchir le genou, parce que nous sommes plus que vainqueurs par Christ qui nous fortifie. Oui, c'est Christ qui nous fortifie. Il nous donne la victoire sur les ennemis de nos âmes. Donc nous devons persévérer jusqu'à la fin, parce que nous allons persévérer jusqu'à la fin, que nous serons sauvés, délivrés, rachetés, vivifiés, restaurés, comme Job que Dieu a restauré.

La Parole déclare que la fin de sa vie a été glorieuse. C'est vrai que quand on lit le livre de Job, beaucoup de passages jusqu'avant le dernier chapitre parlent de ses épreuves, mais le dernier chapitre raconte que les dernières années de Job étaient encore meilleures.

« L'Eternel rétablit la situation de Job quand celui-ci eut prié pour ses amis ; il lui accorda le double de tout ce qu'il avait possédé. »
Job 42 : 10 LSG21

« Job vécut après cela 140 ans, et il vit ses fils et les descendants de ses fils jusqu'à la quatrième génération. » Job 42 : 16 LSG21

Dieu a essuyé ses larmes, il a oublié la douleur, il est parti, il est allé de gloire en gloire.

> Donc, je te donne cette promesse. Dieu va essuyer tes larmes. Il va te permettre de relever la tête.
>
> Il est ta justice et Il va te donner beaucoup plus que ce que tu as vécu.

L'ennemi, il n'aura rien d'autre que de pleurer parce que lui, il a déjà échoué et il échouera encore et encore.

> C'est pourquoi nous pouvons dire avec assurance que :
>
> « **L'Éternel est mon bouclier, Il est ma justice que peut me faire un homme** ». Jésus a déjà tout payé.

Si Dieu a donné Jésus-Christ son Fils, à combien plus forte raison Dieu ne nous donnera-t-il pas tout avec Christ, par grâce ? Il va tout nous donner, puisqu'il a déjà donné Jésus.

- **C'est pourquoi maintenant, faisons cette prière :**

« Christ est ma vie, que peut me faire un homme ?

« *L'Eternel est pour moi, je ne crains rien : Que peuvent me faire des hommes ?* » Louis Segond Bible

Oui, la mort à soi, la mort qui est le départ de la terre. Oui, la mort qui est de renoncer à tout pour gagner Christ, à tout ce qui peut nous nous faire de la peine, les coups bas, les mensonges.

Oui, nous renonçons à tout pour Christ, pour gagner Christ, comme Paul pouvait le dire.

Paul a dit, moi « je renonce à toutes ces choses qui étaient pour moi un gain, Je les regarde comme de la boue afin de gagner Christ ». Donc tu vas faire comme moi et renoncer à …

- **Renoncer à toutes ces choses qui étaient pour toi un gain**

Tu vas regarder à Christ, l'auteur de ta foi. Et à partir d'aujourd'hui, tu vas te lever et tu ne vas pas gaspiller un seul instant qui passe pour gagner Christ.

"Mais ces choses qui étaient pour moi des gains, je les ai regardées comme une perte, à cause de Christ. Et même je regarde toutes choses comme une perte, à cause de l'excellence de la connaissance de Jésus-Christ mon Seigneur, pour lequel j'ai renoncé à tout, et je les regarde comme de la boue, afin de gagner Christ,"

Philippiens 3 :7-8 LSG

> Tu vas utiliser chaque instant qui passe pour pouvoir courir la course dans la carrière qui t'est ouverte.

« Nous donc aussi, puisque nous sommes environnés d'une si grande nuée de témoins, rejetons tout fardeau, et le péché qui nous enveloppe si facilement, et courons avec persévérance dans la carrière qui nous est ouverte » Hébreux 12 :1 (LSG)

Dieu n'est pas un homme pour mentir, ni un fils d'homme pour se repentir. Ce qu'il a dit, ne le feras-tu pas. Ce qu'il a promis, ne le feras-tu pas.

« Dieu n'est point un homme pour mentir, Ni fils d'un homme pour se repentir. Ce qu'il a dit, ne le fera-t-il pas ? Ce qu'il a déclaré, ne l'exécutera-t-il pas ? » Nombres 23 :19 (LSG)

- **Tu vas parler pour te justifier**

Plaidons ensemble, parle, toi-même pour te justifier. Réveille la mémoire de Dieu. Il accomplira sa promesse, assurément. Ta part, c'est de persévérer jusqu'à la fin.

"Réveille ma mémoire, plaidons ensemble, Parle toi-même, pour te justifier." Ésaïe 43 :26 LSG.

- **Il sera avec toi**

Il a dit qu'il sera avec nous tous les jours. Comment ? Si nous sommes avec lui. Si nous sommes entrés d'aller, de faire du bien, comme Jésus, qui allait de lieu au lieu, il faisait du bien.

« Vous savez comment Dieu a oint du Saint-Esprit et de force Jésus de Nazareth, qui allait de lieu en lieu faisant du bien et guérissant tous ceux qui étaient sous l'empire du diable, car Dieu était avec lui. » Actes 10:38 LSG

- **Il est celui qui te libère**

Il renvoyait libre les opprimés, Il faisait du bien. Et Dieu confirmait sa Parole, comme Il a dit à ses disciples.

Pourquoi ? Parce que tu ne vas pas te lamenter, tu ne vas pas gaspiller le temps qui passe.

- **Souviens-toi de tes rêves**

Tu vas prendre ton temps pour pouvoir te rappeler tes rêves, écrire dans un livre, dans un cahier.

> Fais-le avec mon 1er livre que je viens de finir « *Devenez -Vous* », qui est un super livre que j'ai écrit qui parle de « *ces personnes différentes qui opèrent différemment* » que je suis en train de relire. Et quand tu vas faire cela, qu'est-ce qui va se passer ?

Tu vas lire couramment tes rêves et cela va finir par se manifester et s'accomplir parce que cela va déterminer ta routine quotidienne.

« L'Éternel m'adressa la Parole, et il dit :

Écris la prophétie, grave-la sur des tables, Afin qu'on la lise couramment. » Habacuc 2 :2 (LSG)

Tu retrouves mon 1er livre sur Amazon « Devenez -Vous » de ma collection « Au commencement, il n'en était pas ainsi »

Il y a des sections dedans où tu peux écrire tes rêves et tes objectifs. Et alors que tu vas le faire cela, tu verras ... Ta vie ne sera plus jamais la même.

> Ta vie, personne ne pourra la stopper tant que ton heure n'est pas venue.

- **Tu ne partiras pas avant ton temps**

Tant que ton départ n'est pas encore arrivé. Pourquoi ? Parce que la Bible l'a dit. Jésus lui-même quand il devait partir, ne pouvait pas partir avant son temps parce que son heure n'était pas encore venue.

Quand les gens étaient fâchés, ils ont voulu le mettre en prison, le lapider ou l'attraper. La Bible dit qu'il est passé au milieu d'eux. Il est passé au milieu de la foule. Cela, parce que son heure n'était pas encore venue.

« *Ils se levèrent, entraînèrent Jésus hors de la ville et le menèrent au sommet de la colline sur laquelle Nazareth était bâtie, afin de le précipiter dans le vide. Mais il passa au milieu d'eux et s'en alla.* » Luc 4:29-30, Bible en français courant (BFC)

- **Il te protège quand on veut t'atteindre**

Donc, regardez, vous êtes là. Et puis, les gens cherchent à vous atteindre. Et puis comme par hasard, vous ne savez pas comment Dieu va vous transporter d'un endroit à un autre.

Parce que vous l'avez tellement désiré fort de sortir de cette situation. Waouh !

Parce que vous devez faire quelque chose encore sur terre et Dieu a besoin de votre corps pour l'accomplir. Et Il va vous garder longtemps, le nombre de vos jours. Dites Amen !

Ne nous lamentons plus, ne pleurons plus si notre situation n'est pas fini.

- **Dieu n'a pas dit que c'est fini**

Dieu n'a pas dit que c'est fini. Il a dit de persévérer jusqu'à la fin. Et lorsque nous allons persévérer jusqu'à la fin, Il sera avec nous tous les jours. Donc, Il n'est pas avec quelqu'un qui est en train de pleurer, en train de se lamenter, qui est devant la télévision, qui passe son temps à regarder des films, à raconter des « bobars », à gaspiller son temps.

« *Allez, faites de toutes les nations des disciples, … et enseignez-leur à observer tout ce que je vous ai prescrit. Et voici, je suis avec vous tous les jours, jusqu'à la fin du monde.* » Matthieu 28:19, Louis Segond Bible.

- **Tu dois persévérer pour qu'Il soit avec toi**

Oui, mais Il est avec celui qui persévère. Donc, tu vas persévérer aujourd'hui. Tu vas voir que pour ta santé, Dieu va restaurer ton corps. Il a dit que quand les personnes, elles sont jeunes, elles ont des rêves.

- **Il veut voir la vision qu'Il t'a donnée s'accomplir**

Il a aussi dit que les vieillards auront des songes, les jeunes gens auront des visions. Et ils vont prophétiser. Donc nous allons tous prophétiser.

« Après cela, je répandrai mon esprit sur toute chair ; Vos fils et vos filles prophétiseront, Vos vieillards auront des songes, Et vos jeunes gens des visions. » Joël 2 :28 (LSG)

Donc commence à être le prophète de ta vie, parce qu'Il a dit qu'avant que tu sois formé dans le sein de ta mère, Il te connaissait déjà. Et Il t'avait déjà établi porte-Parole de Dieu dans les nations. Donc il y a des nations, il y a un peuple qui attend ta manifestation.

« Avant que je t'eusse formé dans le ventre de ta mère, je te connaissais, et avant que tu fusses sorti de son sein, je t'avais consacré, je t'avais établi prophète des nations. » Jérémie 1:5 (LSG)

- **Tu es passé par là pour une raison**

Pourquoi ? Parce que tout ce que tu as vécu jusqu'à présent, il y a des personnes avec ça, elles sont devenues folles, elles ont quitté la terre prématurément. Mais toi, tu es encore là.

Donc tu vas leur montrer comment, au travers de ta vie, au travers de ta rencontre avec quelqu'un, ta vie n'a plus jamais été la même.

> Ce quelqu'un-là c'est le Christ Jésus.

- **Tu leur diras : « depuis que je l'ai rencontré, Il a sauvé ma vie. Il m'a délivré. Il m'a guéri. Veux-tu le connaître » ?**

Depuis que je l'ai rencontrée, ma vie a changé. Elle est devenue ce qu'elle est aujourd'hui grâce à Lui.

Je n'aurai jamais cru que j'aurai pu faire tout ce que je fais, vivre ce que je vis, si ce n'était Lui.

> Tout ce que je suis devenue c'est grâce à ma rencontre avec Jésus le Christ

Il a sauvé ma vie. Il m'a délivré. Il m'a guéri. Il m'a restauré.

Il y a tellement de témoignages …

« …Dieu a voulu faire connaître quelle est la glorieuse richesse de ce mystère parmi les païens, savoir : Christ en vous, l'espérance de la gloire. » Colossiens 1 :27 (LSG)

Il m'a sorti de la dépression, de la maladie. Il m'a redonné la confiance en moi. Je suis sortie de la peur.

Et vous savez quoi ?

Il peut faire de même avec vous aujourd'hui.

- **Tu n'as pas reçu un esprit de peur**

> L'ennemi, votre ennemi, c'est la peur.

« Et vous n'avez point reçu un esprit de servitude, pour être encore dans la crainte ; mais vous avez reçu un Esprit d'adoption, par lequel nous crions : Abba ! Père ! » Romains 8 :15

C'est pour ça que Jésus disait toujours dans la Bible, « *Prenez courage* », donc rejette la peur qui est un esprit.

Parce que tu as été rempli d'un esprit de force, d'amour et de sagesse. Et c'est Christ en toi qui le fera.

> *« Car ce n'est pas un esprit de timidité que Dieu nous a donné, mais un esprit de force, d'amour et de sagesse. »*
>
> 2 Timothée 1 :7

- **Le pouvoir de tes pensées et de tes Paroles**

À chaque fois que tu dis quelque chose, crois que cela est possible et que cela arrivera. Tes pensées sont des Paroles silencieuses. Accorde-toi, demande au Seigneur de te donner la grâce d'avoir les pensées de Christ. C'est pourquoi nous prions que nous ayons les pensées de Christ.

« Alors Il leur toucha les yeux, en disant : Qu'il vous soit fait selon votre foi. » Matthieu 9 :29 (LSG)

Ce qui est vrai, ce qui est vertueux, ce qui est honorable et digne de louange, ce qui mérite l'approbation sera désormais pour toi mon frère, pour toi ma sœur, sera pour chacun d'entre nous, l'objet de nos pensées.

"Au reste, frères, que tout ce qui est vrai, tout ce qui est honorable, tout ce qui est juste, tout ce qui est pur, tout ce qui est aimable, tout ce qui mérite l'approbation, ce qui est vertueux et digne de louange, soit l'objet de vos pensées." Philippiens 4 :8 LSG.

Alors que tu déclares ces choses, je déclare que ta vie ne sera plus jamais la même, que tu témoigneras qu'un peuple nombreux attend ta manifestation. Des nations attendent ta manifestation. Tu n'es pas venu sur la terre par accident, ni pour accompagner les autres. Et comme la Parole déclare que dans nos vies, ce que Dieu a dit s'accomplira.

- **Tu porteras du fruit en ta saison**

Alors, ça s'accomplira, à condition que tu restes planté près des courants d'eau.

Heureux l'homme qui reste planté près des courants d'eau. Car il donne son fruit en son temps, et tout ce qu'il fait, lui, réussit.

"Heureux l'homme qui ne marche pas selon le conseil des méchants, Qui ne s'arrête pas sur la voie des pécheurs, Et qui ne s'assied pas en compagnie des moqueurs, Mais qui trouve son plaisir dans la loi de l'Eternel, Et qui la médite jour et nuit !" Psaumes 1 v 1-2

Dis « Amen » à partir de maintenant attend toi à porter du fruit qui demeure.

- **Garde la Parole et ne doute point**

Ce qui va te donner le bonheur, ce n'est pas ton prochain, ce n'est pas ton voisin, c'est parce que tu vas rester planté près des courants d'eau. Garde La Parole. Elle est notre eau. La Parole nous fait du bien.

"Heureux l'homme … qui trouve son plaisir dans la loi de l'Eternel, Et qui la médite jour et nuit !" Psaumes 1 v 1-2

Elle nous nettoie, elle nous lave. C'est l'eau pure de la Parole. Alors que tu choisis de lire la Bible tous les jours, d'écouter la Bible en audio tous les jours, de ne plus gaspiller ton temps, mais d'écouter les Écritures, de te remplir de Dieu, je déclare que ta vie n'est plus la même. Tu vas voir que la Parole va te laver et que tes pensées seront renouvelées jour après jour.

> Tu n'as pas besoin d'avoir la connaissance de toute la Bible. Tu as juste besoin de marcher avec la Parole à laquelle tu crois. Et crois que ta vie ne sera plus jamais la même, que ta vie est un miracle, ta vie est un signe et ta vie est un prodige.

Dis « Amen » au nom puissant de Jésus.

Tu témoigneras ! Ta vie ne sera plus jamais la même !

....
....
....
....
....
....
....
....
....
....
....
....
....
....
....
....
....
....
....
....
....
....

4. HOMMAGE AUX HÉROS DE LA FOI

- **Faisons une PAUSE pour avoir une pensée pour nos héros de la foi**

Ce chapitre est pour faire une pause et pour avoir une pensée pour tous ces héros de la foi qui nous ont devancés.

> « *Nous donc aussi, puisque nous sommes entourés d'une si grande nuée de témoins, rejetons tout fardeau et le péché qui nous enveloppe si facilement, et courons avec persévérance l'épreuve qui nous est proposée.* » Hébreux 12 :1-2 S21.

Et il est également fait pour penser à tous ceux que Dieu utilise pour faire de nous ce que nous sommes aujourd'hui, et qui continue le bon combat de la foi.

Donc fais une pause et vas à la fin de ce chapitre et écris le nom de ces héros qui t'ont inspiré.

Prends la décision que ta vie va compter comme tous ces héros de la foi.

> « *Souvenez-vous de vos conducteurs qui vous ont annoncé la Parole de Dieu ; considérez quelle a été la fin de leur vie, et imitez leur foi. Jésus-Christ est le même hier, aujourd'hui, et éternellement.* »
>
> Hébreux 13 :7-8, Louis Segond 1910 (LSG)

Mère Térèsa (1910-1997)

Née en Albanie en 1910 sous le nom d'Anjezë Gonxhe Bojaxhiu, est une religieuse catholique.

Elle a consacré sa vie aux plus pauvres, malades et mourants en Inde, notamment à Calcutta, où elle a fondé les Missionnaires de la Charité. Son amour inconditionnel pour les démunis a fait d'elle un symbole mondial de la compassion. Elle a reçu le Prix Nobel de la Paix en 1979, et a été canonisée en 2016.

Message clé : Servir les pauvres avec amour et humilité

Billy GRAHAM (1918-2018)

Originaire des USA, Billy Graham, né en 1918, est l'un des plus grands évangélistes du XXe siècle. Il a prêché dans plus de 180 pays et touché des millions de vies à travers ses croisades, ses livres et ses émissions télévisées. Il a aussi été un conseiller spirituel pour plusieurs présidents américains. Son message était simple : **Jésus-Christ est le seul chemin vers le salut**.

Message clé : Appel à la repentance et à une foi vivante en Jésus-Christ.

Nelson MANDELA (1918- 2013)

Né en 1918 en Afrique du Sud, il était un homme politique et un symbole de la lutte contre l'apartheid dans son pays. Après 27 ans de prison pour avoir résisté au régime raciste, il est devenu le premier président noir de l'Afrique du Sud en 1994. Son parcours est marqué par son pardon envers ses anciens oppresseurs, sa sagesse politique et son engagement pour la réconciliation nationale. Chrétien engagé, il a souvent parlé de justice, de paix et de dignité humaine.

Message clé : Le pardon est plus puissant que la vengeance. La liberté est un droit pour tous.

Myles MONROE (1954 – 2014)

Myles Monroe était un pasteur né en 1954 au Bahamas (USA), enseignant et auteur très respecté. Il a fondé Bahamas Faith Ministries et voyagé dans le monde entier pour enseigner sur le leadership, le potentiel humain et le Royaume de Dieu. Il a inspiré des milliers de personnes à découvrir leur but dans la vie. Il est décédé avec son épouse dans un accident d'avion en 2014.

Message clé : Chacun est né pour accomplir une mission unique donnée par Dieu.

Kathryn KUHLMANN (1907-1976)

Kathryn Kuhlmann était une évangéliste née en 1907 aux USA, connue pour ses rassemblements où se produisaient des guérisons miraculeuses. Elle insistait fortement sur la relation intime avec le Saint-Esprit. Sa vie et son ministère ont marqué de nombreuses générations, bien au-delà des frontières américaines.

Message clé : C'est par la présence du Saint-Esprit que Dieu agit puissamment.

Oral ROBERTS (1918 – 2009)

Né en 1918 aux USA, il a été l'un des pionniers du télévangélisme et un grand prédicateur de guérison divine. Il a fondé Oral Roberts University et a promu un message de foi audacieuse, souvent lié à la guérison et à la prospérité. Il croyait fermement que « Dieu est bon » et veut bénir ses enfants.

Message clé : Dieu veut guérir, bénir et élever ceux qui mettent leur foi en Lui

Yvan et Yves CASTANOU

Originaires du Congo Brazzaville,
Yves et Yvan Castanou sont deux frères jumeaux et pasteurs influents du monde francophone. Yvan dirige Impact Centre Chrétien (ICC) à Paris, et Yves est actif à Brazzaville. Leur ministère est reconnu pour son enseignement clair, l'excellence dans le service, et la transformation des vies.

Message clé :

Vivre une vie où règne la justice, la paix et la joie de Dieu par le Saint Esprit fondée sur la Parole de Dieu

Mamadou KARAMBIRI

Le pasteur Mamadou Karambiri est né en 1947 au Burkina Faso, il est l'un des leaders évangéliques les plus respectés d'Afrique francophone.
Ancien professeur, il a connu une conversion profonde à Jésus-Christ et fondé le Centre International d'Évangélisation (CIE). Il est reconnu pour son humilité, son message centré sur la Bible et sa foi vivante.

Message clé : Vivre une vie de foi, de prière et d'obéissance à Dieu.

Joyce MEYER

Joyce Meyer, née en 1943 est une enseignante de la Bible mondialement connue, auteure de nombreux ouvrages à succès et fondatrice du ministère Joyce Meyer Ministries. Son parcours de vie, marqué par les abus dans son enfance, a façonné un témoignage puissant de restauration, de pardon et de transformation personnelle par la foi. Elle a su parler ouvertement de ses blessures pour montrer que la guérison est possible en Jésus-Christ.

Message clé : reste l'intimité avec Dieu dans la vie quotidienne.

Matthew ASHIMOLOWO

Né en 1952, le pasteur nigérian et fondateur de la Kingsway International Christian Centre (KICC) basée à Londres, Matthew Ashimolowo s'est imposé comme l'une des voix majeures du christianisme afro-caribéen en Europe. Converti à l'âge de 20 ans, il s'est rapidement engagé dans l'enseignement biblique, mêlant foi, sagesse pratique et principes de prospérité biblique. Son message insiste sur la transformation par la connaissance et la vision. Auteur et communicateur dynamique, il forme des leaders appelés à impacter la société.

Message clé : voir chaque croyant entrer dans la plénitude de son potentiel en Christ.

Colle ici la photo de quelqu'un, que tu veux honorer qui est pour toi un héros de la foi

Colle ici la photo de quelqu'un, que tu veux honorer qui est pour toi un héros de la foi

Lisons et prenons le temps pour réfléchir et méditer sur la parabole des mines en Luc 19 : 12-26 (LSG)

« Il dit donc : Un homme de haute naissance s'en alla dans un pays lointain, pour se faire investir de l'autorité royale, et revenir ensuite. Il appela dix de ses serviteurs, leur donna dix mines, et leur dit : Faites-les valoir jusqu'à ce que je revienne.

Il appela dix de ses serviteurs, leur donna dix mines, et leur dit : Faites-les valoir jusqu'à ce que je revienne. Mais ses concitoyens le haïssaient, et ils envoyèrent une ambassade après lui, pour dire : Nous ne voulons pas que cet homme règne sur nous.

Lorsqu'il fut de retour, après avoir été investi de l'autorité royale, il fit appeler auprès de lui les serviteurs auxquels il avait donné l'argent, afin de connaître comment chacun l'avait fait valoir….

Le premier vint, et dit : Seigneur, ta mine a rapporté dix mines. Il lui dit : C'est bien, bon serviteur ; parce que tu as été fidèle en peu de chose, reçois le gouvernement de dix villes.

Le second vint, et dit : Seigneur, ta mine a produit cinq mines. Il lui dit : Toi aussi, sois établi sur cinq villes.

Un autre vint, et dit : Seigneur, voici ta mine, que j'ai gardée dans un linge ; car j'avais peur de toi, parce que tu es un homme sévère ; tu prends ce que tu n'as pas déposé, et tu moissonnes ce que tu n'as pas semé

Il lui dit : Je te juge sur tes Paroles, méchant serviteur ; tu savais que je suis un homme sévère, prenant ce que je n'ai pas déposé, et moissonnant ce que je n'ai pas semé pourquoi donc n'as-tu pas mis mon argent dans une banque, afin qu'à mon retour je le retirasse avec un intérêt ? Puis il dit à ceux qui étaient là : Otez-lui la mine, et donnez-la à celui qui a les dix mines. Ils lui dirent : Seigneur, il a dix mines. - Je vous le dis, on donnera à celui qui a, mais à celui qui n'a pas on ôtera même ce qu'il a … »

Je veux finir en honorant Notre Père Céleste, notre Source, notre véritable Héros qui sauve, pour la vie de tous ces héros de la foi qui ont contribué à écrire l'histoire, qui continue encore avec chacun de nous.

Que par la grâce de Dieu, que personne ne soit trouvé méchant ou paresseux, alors que vous parcourrez ces lignes pour les écrivains de l'histoire que vous êtes, courant pour remporter le prix de votre vocation céleste de Dieu en Christ Jésus.

Cette Parabole de Jésus, je l'ai entendu et elle m'a fait penser à notre histoire qui par Sa grâce s'écrira GLOIRE.

………/………/………… après lecture de ce chapitre,

……………………………………………………………………………………………

……………………………………………………………………………………………

……………………………………………………………………………………………

……………………………………………………………………………………………

……………………………………………………………………………………………

……………………………………………………………………………………………

……………………………………………………………………………………………

……………………………………………………………………………………………

……………………………………………………………………………………………

……………………………………………………………………………………………

……………………………………………………………………………………………

……………………………………………………………………………………………

……………………………………………………………………………………………

……………………………………………………………………………………………

……………………………………………………………………………………………

……………………………………………………………………………………………

……………………………………………………………………………………………

……………………………………………………………………………………………

……………………………………………………………………………………………

……………………………………………………………………………………………

……………………………………………………………………………………………

5. EPILOGUE : la puissance du sang de Jésus

Quelques mots du Dr Myles Monroe

IL Y A UNE PUISSANCE DANS LE SANG DE JÉSUS QUE L'ENNEMI NE PEUT SUPPORTER

1. Qu'est-ce que le sang de jésus

Il y a une puissance dans le sang de Jésus que l'ennemi ne peut supporter.

- Il y a protection
- Victoire
- et percée

pour ceux qui comprennent véritablement ce que signifie invoquer le sang de Jésus. Mes amis, pensez à un tribunal où les preuves déterminent l'issue d'une affaire.

La preuve qui réduit au silence toute accusation de l'ennemi,

- ce n'est pas votre passé
- ni votre force
- ni même votre connaissance
- C'est le sang de Jésus

Dans un tribunal, un avocat plaide d'une affaire en présentant des faits et la vérité.

En tant que croyants, nous invoquons le sang

- Non comme un rituel
- mais comme la preuve puissante
- et légitime de notre victoire par Jésus

Aujourd'hui, nous allons plonger en profondeur dans cette vérité. Avec un regard nouveau et un cœur ouvert. Nous allons découvrir que le sang de Jésus n'est pas seulement pour le pardon mais aussi pour la protection, la délivrance et la victoire quotidienne.

Le sang de Jésus n'est pas un symbole

- C'est une arme spirituelle
- et elle est active en ce moment pour ceux qui savent comment l'appliquer

Trop de personnes connaissent le sang, mais ne marchent pas dans toute la puissance qu'il donne. C'est l'heure de le comprendre clairement, de le proclamer avec audace, et de l'appliquer chaque jour.

La révélation vient quand la vérité rencontre la soif.

Écoutez cette vérité puissante de la Parole :

« *Combien plus le sang de Christ, qui par l'Esprit éternel s'est offert lui-même sans tâche à Dieu. Purifiera-t-il votre conscience des œuvres mortes afin que vous serviez le Dieu vivant ?* Hébreux 9 verset 14

Ce verset nous montre que le sang de Jésus :

- ne fait pas qu'enlever la culpabilité
- il nous donne la force de marcher dans notre destinée
- et de servir Dieu avec un cœur pur et rempli d'assurance

Pensez à cette analogie :

Un badge de sécurité donne accès à une zone restreinte : *Personne n'entre s'il ne possède l'identification requise.*

Vous ne discutez pas avec la porte. Vous ne suppliez pas le gardien. Le badge parle pour vous. Le sang de Jésus est :

ce badge divin

- qui vous accorde accès
- qui est votre protection
- et autorisation dans le domaine spirituel

Cela ne repose pas sur vos émotions, ni sur ce que vous ressentez à l'instant, mais sur l'œuvre achevée de Jésus à la croix.

Et une fois que vous comprenez cela :

- vous ne vous battez plus pour la victoire
- Vous vous battez à partir d'une position de victoire

Aujourd'hui, je vais vous montrer comment invoquer le sang de Jésus. Avec clarté, foi et compréhension. Je vais aussi faire une prière puissante avec vous dans le nom puissant de Jésus.

Alors que vous lisez jusqu'à la fin et ouvrez vos cœurs pour recevoir les bénédictions de cette prière découvrons cette première vérité sur

Le sang de Jésus qui parle

- Mes amis, le sang de Jésus n'est pas silencieux
- Il parle plus fort que la culpabilité

- plus fort que la honte
- et plus fort que la voix de l'ennemi

La Bible nous dit, dans la Genèse, que le sang d'Abel criait du sol après qu'il eût été tué. C'était le sang d'un homme. Mais le sang de Jésus parle mieux que celui d'Abel.

Il ne crie pas pour l'injustice ou la vengeance, mais :

- Il proclame la miséricorde
- la rédemption
- et un nouveau départ
- C'est la voix la plus puissante dans le domaine spirituel

Et lorsque nous l'invoquons par la foi, il réduit au silence l'accusateur

- et il brise le fondement légal que l'ennemi essaie d'utiliser contre vous

C'est pourquoi le sang n'est pas quelque chose que vous mentionnez seulement lors de la sainte scène ou pendant la prière. C'est quelque chose que vous appliquez que vous proclamez que vous croyez et sur lequel vous vous tenez fermement.

- Quand le sang est proclamé avec foi, il active l'intervention divine

2. Le Sang de Jésus est la preuve d'une œuvre achevée

Vous ne demandez pas simplement une protection. Vous déclarez ce qui a déjà été payé :

- Le sang de Jésus est la preuve d'une œuvre achevée
- Ce n'est pas le début de l'espérance
- C'est la preuve que l'espérance est scellée
- Ce n'est pas une idée religieuse ou un acte symbolique
- C'est une vérité spirituelle

Quand Jésus a versé son sang

- chaque goutte portait une autorité
- Elle n'a pas été gaspillée
- Elle n'a pas été versée par accident
- Elle a été versée avec un but divin

Chaque goutte portait votre nom. Chaque goutte proclamait votre pardon, votre guérison et votre restauration.

Alors quand vous invoquez le sang, Vous ne suppliez pas.

- Vous rappelez à l'ennemi que vous êtes couvert
- Par ce qui ne peut être annulé
- C'est pourquoi le sang doit être compris comme plus qu'un événement historique
- C'est une puissance active

Dans Exode 12, les Israélites ont appliqué le sang d'un agneau sur leur linteau

- Ce n'était pas pour la décoration
- Ce n'était pas un rituel symbolique

- C'était une protection divine pendant le jugement
- Le Destructeur est passé au-dessus de chaque maison qui avait le sang

Cela ne dépendait pas de qui était dans la maison, ni de ce qu'il ressentait. Cela dépendait d'une seule chose, le sang. Cela nous révèle quelque chose de puissant.

Le sang de Jésus agit, non selon vos sentiments, mais le sang de Jésus agit, selon votre foi quand vous l'appliquez.

- Même si vous vous sentez faible
- Il parle pour vous
- C'est pourquoi le sang doit être proclamé et appliqué

Surtout lorsque vous vous sentez le plus vulnérable

- Il ne s'agit pas de votre perfection
- Il s'agit de la sienne

Laissez-moi vous dire quelque chose de personnel, mes amis. Il y a des moments où le poids de la vie devient lourd. Je n'ai pas toujours les mots.

Parfois, je me sens fatigué et accablé, mais quand je dis :

« je proclame le sang de Jésus »

- Quelque chose change dans l'atmosphère
- Une paix que je ne peux expliquer commence à remplir mon cœur
- Des chaînes que je ne voyais pas commencent à se briser dans l'esprit

Quand vous invoquez le sang de Jésus, l'ennemi sait exactement ce que cela signifie

Les forces des ténèbres reconnaissent la puissance de cette déclaration. Ce n'est pas un charme, ni une formule magique ;

- C'est une déclaration légale dans le domaine spirituel
- Elle dit, j'appartiens à Jésus
- Elle dit, accès refusé
- Elle dit, aucune arme formée contre moi ne prospérera.

Et c'est cela que nous devons saisir chaque jour.

« Ils l'ont vaincu à cause du sang de l'agneau et à cause de la Parole de leur témoignage. Et ils n'ont pas aimé leur vie jusqu'à craindre la mort ». Apocalypse 12 : 11

Ce verset est souvent cité, mais souvent mal compris. Il ne dit pas que le sang seul a tout fait. Il dit :

- Qu'ils ont vaincu par le sang et par leurs Paroles
- Cela montre que vos Paroles comptent
- Ce que vous proclamez avec foi
- Libère la puissance de ce que Jésus a déjà accompli
- Vous ne créez pas la victoire
- Vous l'activez

Le sang de Jésus n'attend pas d'être puissant. Il l'est déjà Mais votre accord avec cette vérité le libère dans votre vie. Alors, quand vous dites, je proclame le sang de Jésus vous déclarez ce qui est déjà établi dans la volonté de Dieu.

Il y a une histoire dans le livre de Josué, où Rahab attacha un cordon écarlate à sa fenêtre.

C'était le signe de sa protection :

- Pendant la destruction de Jéricho
- ce cordon écarlate est une image prophétique du sang
- Il a marqué sa maison
- Il a protégé elle et sa famille
- Ce n'était pas une épée
- ni un mur
- ni une armée
- C'était un signe

De la même manière, quand nous invoquons le sang de Jésus sur :

- nos maisons
- nos proches
- notre santé
- notre esprit
- et notre avenir
- nous les marquons de la protection divine

Nous disons, cela appartient au Seigneur. Cette maison est couverte. Ce corps est guéri. Cet avenir est sécurisé. Mes bien-aimés sont entourés par la puissance de Dieu et gardés sous sa couverture divine. Au nom de Jésus,

- nous revendiquons ce que son sang a déjà accompli

Mes amis, je veux que vous compreniez que l'ennemi agit par :

- Accès légal
- C'est un voleur

Mais il cherche des portes ouvertes :

- Le péché
- la peur
- l'amertume
- et la désobéissance
- ouvrent des brèches
- Mais le sang de Jésus ferme ses portes

Quand vous confessez vos péchés et invoquez le sang

- Vous n'êtes pas seulement pardonnés
- Vous êtes purifiés

C'est pourquoi un Jean inversé s'est dit. Mais

- si nous marchons dans la lumière
- comme il est lui-même dans la lumière
- Nous sommes en communion les uns avec les autres
- Et le sang de Jésus, son Fils, nous purifie de tout péché

Ce n'est pas seulement une question d'être désolé, c'est une question d'être pure.

3. Qu'est-ce que fait le sang de jésus ?

Le sang fait ce que les forts ne peuvent pas faire, le sang fait ce que les larmes seules ne peuvent pas faire :

- Il lave

- Il restaure
- Il vous prépare à marcher dans la victoire

Alors mes amis, ne soyez pas passifs avec cette vérité

N'invoquez pas le sang seulement en temps de crise

- Proclamez-le chaque jour
- Appliquez-le avec compréhension
- Déclarez-le avec autorité

Il y a de la puissance dans votre voix quand elle s'accorde avec son sang

- Il y a de la puissance dans votre maison quand elle est couverte par son sang
- Il y a de la puissance dans votre avenir quand il est soumis sous son sang

Vous n'êtes pas sans force :

- Vous n'êtes pas oublié
- Vous n'êtes pas exposé
- Vous êtes couvert
- Vous êtes protégé
- Vous êtes marqué par la puissance qui ne perd jamais sa force

Voyons maintenant une autre vérité :

- Le sang de Jésus brise les chaînes

Mes amis, il existe des chaînes qu'on ne voit pas avec les yeux.

- mais qui sont bien réelles

- Les chaînes de la peur
- de l'anxiété
- du tourment
- de l'addiction
- Et des cycles qui se répètent de génération en génération

Ce sont des chaînes qu'aucune force humaine ne peut briser.

« Mais le sang de Jésus porte le pouvoir de détruire toutes chaînes spirituelles et toutes choses cachées de l'esclavage ».

- Car lorsque le sang est appliqué aucune malédiction ne peut demeurer
- Quand le sang est invoqué, aucune forteresse ne peut subsister
- Il n'existe aucune obscurité trop profonde
- Aucune emprise trop forte pour que le sang ne puisse percer

Peut-être avez-vous essayé pendant des années d'être libre. Mais au moment où vous vous placez sous le sang de Jésus, avec foi et abandon, ces chaînes commencent à perdre leur pouvoir.

Ce que les conseils, les habitudes ou la discipline ne peut réparer, le sang peut le guérir

- et le purifier en un instant
- non pas à cause d'une émotion
- mais à cause d'une autorité divine

Non pas parce que vous avez dit les bons mots, mais parce que vous avez invoqué la bonne puissance. Et cette puissance est dans le sang. L'un des récits les plus négligés dans les Écritures est celui de la délivrance de l'homme possédé.

Dans la région des Gadara, cet homme vivait parmi les tombeaux, enchaînés par d'autres, et même s'il brisait les chaînes physiques. Il restait lié spirituellement.

Il est dit dans Marc 5 verset 15 qu'-il vint auprès de Jésus, et ils virent le démoniaque, celui qui avait eu la légion, assis, vêtu, et dans son bon sens.

Et ils furent saisis de frayeur. Cet homme était enchaîné par quelque chose de bien plus grand que des chaînes naturelles. Personne ne pouvait l'aider.

- Mais Jésus est venu et l'homme a été libéré

Il n'avait pas besoin d'un processus, ni d'un programme ou de persuasion

- Il avait besoin de puissance

Et cette même puissance qui a ramené cet homme à la raison est la puissance qui coule dans le sang de Jésus.

Vous n'avez pas à rester lié, quand le sang a déjà proclamé votre liberté

Nous devons comprendre que le sang ne fait pas que sauver, mais :

- Il brise le joug de l'oppression
- Il brise l'emprise des malédictions générationnelles

- Il brise le cycle de la défaite

Beaucoup d'entre vous livrent les mêmes combats que vos parents ou vos grands-parents. Des schémas de péché, de dépression, de maladie, de manque, de divorce et de confusion on subit sa lignée familiale.

Mais au moment où vous invoquez le sang de Jésus sur votre lignée

- vous déclarez que ces schémas s'arrêtent avec vous
- Vous dites, le sang de ma lignée naturelle peut porter des faiblesses
- Mais le sang de Jésus apporte la liberté
- Et son sang parle plus fort que n'importe quelle malédiction du passé
- Ce n'est pas simplement un encouragement
- C'est une vérité spirituelle
- C'est l'héritage de tout croyant
- Qui se tient dans la foi

L'ennemi se cache souvent dans ce qui semble familier. Il utilise des schémas et des douleurs pour faire en sorte que l'esclavage paraisse normal (comme accepter la dépression et trouver cela normal et même savoir l'expliquer, par exemple)

Mais ce qui est normal pour l'homme doit encore se soumettre à l'autorité de la croix. Votre esprit peut être habitué aux chaînes.

- Mais votre esprit sait que vous avez été créés pour la liberté
- Et le sang de Jésus vous donne accès à cette liberté

Quand vous dites : « je proclame le sang de Jésus sur ma vie », vous ébranlez les fondations de chaque système démoniaque qui a essayé de contrôler votre vie.

- Le sang confond l'ennemi
- Il lui rappelle sa défaite
- Il lui rappelle que son accès est refusé
- Il lui rappelle que votre identité est désormais marquée par Dieu
- Vous n'êtes plus ce que vous étiez
- Vous êtes ce que Dieu dit que vous êtes à cause du sang

Dans *Acte 16*, Paul et Silas ont été battus et jetés en prison et ils étaient enchaînés, et leur avenir semblait incertain. Mais à minuit, ils commencèrent à prier et à chanter des louanges à Dieu. Et soudainement, la prison trembla. Les chaînes tombèrent, et les portes s'ouvrirent.

Il se passe quelque chose de puissant quand les croyants ouvrent leur bouche dans la foi car le sang a déjà ouvert la voie

- Et votre accord avec cette vérité libère ce qui a été rendu disponible
- L'ennemi ne peut pas retenir ce que le sang a déjà racheté

Alors quand vous vous sentez emprisonné

- que votre esprit tourne en rond
- que votre cœur est lourd

- que tout semble noir
  Invoquez le sang de Jésus

- Chantez à travers les larmes
- Priez même si ça fait mal
- Parce que la percée ne dépend pas des émotions, elle dépend de la vérité

Et la vérité, c'est que le sang de Jésus vous a déjà libérés. Parfois, la prison la plus difficile à fuir est celle de votre propre esprit. L'ennemi attaque les pensées plus que tout.

- Mais le sang purifie la conscience
- Il efface la culpabilité, la peur et les accusations
- Il ne fait pas que pardonner le péché
- Il guérit les effets du péché

Vous avez peut-être été pardonné, mais vous vous sentez encore sale ou honteux. C'est là que le sang va plus loin que tout autre chose.

- Il restaure ce que l'ennemi a essayé de déformer
- Il purifie vos pensées
- Il renouvelle votre confiance
- Il vous dit, tu n'es pas condamné

- Tu es couvert.
- Tu n'es pas brisé
- Tu es en train d'être restauré

« Il n'y a donc maintenant aucune condamnation pour ceux qui sont en Christ Jésus, qui ne marchent pas selon la chair, mais selon l'esprit. »
Romain 8 : 1-

Tu ne demandes pas la permission à l'ennemi, tu prends autorité :

- Tu déclares que ce jour appartient au Seigneur
- Et que le sang parle pour toi

La liberté efface la condamnation, voilà ce que le sang garantit

- Tu n'as plus à marcher la tête baissée
- Tu n'as plus à porter ce que Jésus a déjà porté pour toi
- Tu n'as pas à t'excuser d'être libre
- C'est ton droit par le sang
- C'est ton héritage par la foi

Alors lève-toi avec confiance aujourd'hui. Parle en toi-même de ce qui a déjà été payé pour toi. Même dans le combat spirituel, beaucoup essaient de lutter avec des forces humaines.

Mais l'ennemi ne craint pas tes efforts.

- Il craint le sang
- Il craint ta compréhension de sa puissance
- Il craint ta confiance en cette vérité

Quand tu déclares le sang de Jésus, tu t'entoures du feu divin. Ce n'est pas seulement une défense. Mais c'est une attaque spirituelle.

Le sang expose les œuvres des ténèbres

- enlève les œuvres des ténèbres
- et détruit les œuvres des ténèbres

Et quand tu marches dans cette vérité, :

- aucune arme ne peut prospérer
- aucun mensonge ne peut s'enraciner
- aucune malédiction ne peut s'installer
- car tu marches sous la puissance d'une protection divine

Tu entres dans la plénitude de ce que Jésus a payé. Alors, invoque le sang sur ton esprit.

Invoque le sang sur ton sommeil et sur tes choix

Tu n'as pas à te battre seul. Tu n'es pas laissé sans secours. Le sang de Jésus n'est pas lointain. Il est proche. Il est disponible. Il est capable. Et il ne perdra jamais sa puissance.

*****Maintenant, tournons-nous vers une autre vérité**

4. Le sang garantit la victoire

Mes amis, le sang de Jésus ne fait pas que purifier et délivrer, il garantit une victoire durable.

La victoire n'est pas un espoir lointain.

Mais c'est une réalité accomplie pour ceux qui croient en ce que le Sang a déjà accompli. La Croix n'était pas un lieu de défaite mais c'était le lieu où s'est remportée la plus grande victoire de toute l'histoire. Et cette victoire a été scellée par le

Sang de Jésus. Beaucoup de croyants vivent dans des cycles de haut et de bas parce qu'ils n'ont pas pleinement saisi ce que le sang a déjà réglé. Tu n'as plus besoin de continuer à te battre contre les mêmes batailles encore et encore.

Tu n'as pas besoin de douter si tu surmonteras la prochaine tempête, le sang a déjà déclaré « que tu es plus que vainqueur par Christ Jésus ».

- Tu ne combats pas pour obtenir l'approbation
- Tu combats depuis une position de victoire

Et cette victoire :

- n'est ni temporaire
- ni fondée sur tes émotions
- mais sur la vérité inébranlable du sang

Il y a une histoire puissante dans l'Ancien Testament, qu'on oublie souvent quand on parle de victoire.

Dans 2 Rois 3, les rois d'Israël, de Judas et d'Edom étaient en guerre contre Moab. Il manquait d'eau, était encerclé et sans issue. Mais le prophète Élisée déclara que Dieu leur donnerait la victoire, sans qu'ils aient à combattre de la manière attendue.

Et alors, quelque chose de puissant s'est produit.

Dans *2 Rois 3 verset 22*, il est écrit : *« Le matin, au lever du soleil, l'eau reflétait une lumière rouge, et les Moabites, de l'autre côté, la virent comme du sang. »*

Ce qu'ils croyaient être du sang, leur fit penser qu'un combat avait déjà eu lieu. Et dans leur confusion, ils furent vaincus. Ce qu'ils ont vu n'était pas du vrai sang. Mais cela devint un signe de victoire. Maintenant réfléchis bien à ceci.

Si l'apparence seulement de quelque chose ressemblant au sang a causé la défaite des ennemis, combien plus de puissance porte le véritable sang de Jésus contre chaque ennemi de ton âme.

Le sang de Jésus ne t'aide pas seulement à survivre. Il te fait triompher. Il fait taire les mensonges qui veulent voler ton identité. Il désarme la peur qui cherche à voler ta paix.

Il détruit les plans secrets de l'ennemi. Voilà pourquoi :

- Tu dois le proclamer

Pas seulement y penser, pas juste y croire en silence, mais le déclarer avec autorité.

Quand la tentation surgit, dis à voix haute :

- Je proclame le sang de Jésus sur mes pensées

Quand la peur serre ta poitrine, déclare :

- Je proclame le sang de Jésus sur mon cœur et sur mon corps

Tu n'es pas une victime dans ce combat, tu es déjà victorieux par le sang.

- Le sang de Jésus est aussi ta défense contre les accusations

Le diable est appelé l'accusateur des frères.

- Il sait comment te rappeler ton passé
- Comment chuchoter des mensonges sur ta valeur
- Comment te blâmer pour des choses qui ne sont même pas ta faute

Mais rappelle-toi qu'à chaque fois qu'il parle, le sang de Jésus parle plus fort.

Aucune arme forgée contre toi ne réussira. Et toute langue qui s'élèvera contre toi en justice, tu la condamneras. Tel est l'héritage des serviteurs de l'Éternel. Et leur justice vient de moi, dit l'Éternel. Ésaïe 54 : 17

- Il est ton bouclier
- Il est ta fondation

Tu ne te tiens pas sur ta propre justice

- mais sur ce que le sang a rendu possible
- Et c'est pour cela que l'ennemi ne peut pas gagner
- Sauf si tu abandonnes ta position

Et aujourd'hui, mes chers amis, il est temps de reprendre cette position. Il y a des batailles que nos yeux ne voient pas. Mais elles sont bien réelles.

- Des résistances spirituelles
- Des retards étranges
- Des attaques contre ton avancement
- Des confusions soudaines juste avant ta percée

Mais ces tactiques s'effondrent quand le sang est déclaré avec foi et compréhension.

Quand tu te lèves le matin et que tu dis :

- Je proclame le sang de Jésus sur cette journée
- Tu entres dans le camp de la victoire
- Tu prends ta place d'autorité
- Tu es en train de placer la direction de ta vie sous l'autorité de Dieu

Vous n'espérez pas simplement de bonnes choses, vous vous alignez sur ce qui a déjà été remporté.

- La victoire ne repose pas sur l'absence de combat
- elle repose sur la présence de la puissance du sang de Jésus qui est notre puissance ultime

Le sang couvre aussi votre destinée

Beaucoup commencent bien mais ne finissent pas bien car ils sont distraits, découragés ou trompés en chemin. Mais lorsque vous restez sous le sang, votre chemin devient plus clair.

- Vous n'êtes pas seulement protégé
- Vous êtes aussi dirigé

Dieu commence à guider vos pas, à ouvrir des portes, et à bloquer ce qui n'est pas sa volonté.

- *Le sang ne nettoie pas seulement le passé, il protège aussi l'avenir*

Alors, implorez le sang sur vos décisions

- Implorez le sang sur votre appel
- Implorez le sang sur vos relations
- Car lorsque le sang est impliqué
- la confusion ne peut pas rester
- Lorsque le sang est impliqué, la manipulation est exposée
- Lorsque le sang est impliqué, l'ennemi est forcé de reculer

Rappelons-nous aussi que le sang parle d'unité

La division, les conflits et les offenses sont des armes que l'ennemi utilise pour affaiblir l'Église. Mais lorsque nous venons tous sous le sang, nous sommes une seule famille. Différent parcours, différentes histoires, mais une seule rédemption.

Et il y a de la puissance dans cette unité. C'est ce que le sang de Jésus rend possible. Pas seulement le pardon.

> « *Voici, ô qu'il est agréable, qu'il est doux pour des frères de demeurer ensemble* » Psaumes 133 : 1

- L'unité apporte la puissance

Et lorsque les croyants se rassemblent et déclarent le sang de Jésus sur leur maison, leur ville et leur nation, les choses changent, les territoires se transforment, les batailles spirituelles se brisent, les réveils s'allument.

- Le sang unit et le sang couvre
- Le sang de Jésus vous donne également un accès à la présence de Dieu sans crainte, ni culpabilité

Dans l'Ancien Testament, seul le grand prêtre pouvait entrer dans le sein des saints une fois par an

Mais maintenant, à cause du sang le voile est déchiré.

- Vous pouvez venir devant Dieu avec assurance
- Vous pouvez prier avec confiance
- Vous pouvez crier et être entendu
- Vous n'avez pas besoin de vous sentir digne pour être accueilli le sang a ouvert la voie

Hébreux 10 :19 *Ainsi donc, frères, puisque nous avons, au moyen du sang de Jésus, une libre entrée dans le sanctuaire.*

C'est votre privilège. C'est votre droit en tant qu'enfant de Dieu. Et aucun démon, aucun passé, aucune peur, aucune erreur ne peut vous l'enlever.

5. Tenez-vous dans la victoire par le sang de jésus

Alors aujourd'hui, tenez-vous dans cette victoire. Marchez dans cette victoire. Déclarez-la.

Que le sang de Jésus soit votre couverture

- votre assurance
- et votre force

Vous ne combattez pas à partir d'un lieu de faiblesse, vous combattez à partir d'un lieu de force, car le sang a déjà remporté la victoire. Et ce que le sang a sécurisé, personne ne peut le renverser.

Le sang de Jésus est :

- votre couverture
- votre purification
- et votre victoire

Peu importe ce que vous avez affronté, peu importe ce qui tente de s'élever contre vous, le sang parle encore en votre faveur. Que ce soit aujourd'hui le jour où vous vous levez dans la foi, où vous parlez avec assurance et vivez avec la victoire assurée par la puissance du sang.

6 . Prions ensemble

Maintenant, chers lecteurs, allons devant le Seigneur dans la prière. Je veux que vous priiez avec moi, ou que vous lisiez cette prière dans la foi, afin que vous receviez toutes les bénédictions contenues dans cette prière. Prions notre Dieu bienveillant et aimant.

« Père céleste, Dieu tout-puissant, tu es le juste, le Dieu dont la voix ébranle toute forteresse et dont le sang scelle la victoire éternelle. Tu es le Saint, celui qui règne avec puissance et ne perd jamais une bataille. A toi la gloire pour toujours. Je te remercie pour le sang de Jésus qui proclame la victoire sur ma vie, qui me lave, qui guérit chaque blessure et qui me rend entier.

Je te remercie, Seigneur, car je ne suis ni oublié, ni abandonné, ni sans couverture. Père, je te demande de me pardonner pour chaque péché, connu ou inconnu, et de me laver complètement par le sang de Jésus.

Je pardonne aussi à ceux qui m'ont blessé, et je remets chaque offense entre tes mains. Seigneur, je plaide le sang de Jésus sur ma vie, sur mon esprit, mon corps, mon avenir et tout ce qui est lié à moi. Que chaque chaîne qui me retenait soit brisée maintenant, au nom de Jésus.

Je réprimande l'esprit de culpabilité, de honte, de confusion, de peur et chaque mensonge de l'accusateur.

Je décrète et je déclare que je suis libre, je suis pur, et je suis couvert par le sang de Jésus. Au nom de Jésus, je déclare qu'aucune arme formée contre moi ne prospérera. Je déclare que la puissance du sang de Jésus agit en moi maintenant guérissant, purifiant, délivrant et restaurant ce qui a été perdu. Je déclare que j'ai vaincu par le sang de l'agneau et par la Parole de mon témoignage. Au nom de Jésus, je parle de percer dans chaque domaine de lutte. Je proclame des bénédictions, la guérison, la paix, la force et la protection sur ma vie et sur mes proches.

Je réprimande les attaques spirituelles, la maladie, la peur, la pauvreté et les retards. Que chaque mission de l'ennemi soit dispersée maintenant, au nom de Jésus. Couvre-nous, Seigneur, sous l'ombre de tes ailes et entoure-nous de tes anges. Je plaide le sang de Jésus sur nos maisons, nos esprits, notre santé et notre destinée. Que ta protection divine entoure et protège chaque partie de nos vies. Seigneur, alors que je fais cette prière avec tous ceux qui écoutent, je te rends grâce pour chaque cœur qui s'ouvre devant toi en ce moment. Nous venons en accord alors que nous prions les uns pour les autres.

Que ton Saint Esprit descende sur nous. Nous plaidons le sang sur nos familles, nos chemins et chaque décision à venir. Au nom de Jésus, nous revendiquons notre liberté, nous déclarons notre guérison, nous recevons la force et nous marchons dans la victoire.

Car à toi appartiennent le règne, la puissance et la gloire pour toujours. Merci Seigneur d'avoir écouté et exaucé ma prière. Au nom puissant de Jésus, je prie. Amen. »

Si vous avez été béni par ce message, écrivez le mot Amen dans la section des commentaires ci-dessous. Je déclare que toutes les bénédictions de cette prière reposent maintenant sur vous, au nom de Jésus.

Vous pouvez nous aider à atteindre plus de personnes et à répandre l'Évangile. Faites-le en offrant ce livre à un ami ou un membre de la famille qui a besoin de la bénédiction de cette prière.

Nous sommes reconnaissants envers tous ceux qui nous soutiennent. Vous êtes béni pour être une bénédiction. Et maintenant, pour ceux qui écoutent et qui veulent accepter Jésus-Christ comme leur Seigneur et Sauveur, je vous exhorte à recevoir la grâce de Dieu avec un cœur ouvert et repentant.

Commencez là où vous êtes. Votre passé n'a pas d'importance. Jésus est venu chercher et sauver ceux qui étaient perdus. Dieu vous aime.

Il n'est pas dans la volonté de Dieu que quelqu'un périsse, mais que tout s'arrive à la repentance.

Répétez cette simple prière du salut :

« *Seigneur Jésus, je reconnais que je suis pécheur, et je te demande pardon. Je crois que tu es mort pour mes péchés et que tu es ressuscité d'entre les morts. Je me détourne de mes péchés et je t'invite à venir dans mon cœur et ma vie. Je veux te faire confiance et te suivre en tant que mon Seigneur et Sauveur.*

Seigneur Jésus, entends ma prière, je te prie.

Merci Seigneur de m'avoir sauvé. Amen. »

………/………/………… après lecture de ce chapitre,

……………………………………………………………………………………………

……………………………………………………………………………………………

……………………………………………………………………………………………

……………………………………………………………………………………………

……………………………………………………………………………………………

……………………………………………………………………………………………

……………………………………………………………………………………………

……………………………………………………………………………………………

……………………………………………………………………………………………

……………………………………………………………………………………………

……………………………………………………………………………………………

……………………………………………………………………………………………

……………………………………………………………………………………………

……………………………………………………………………………………………

……………………………………………………………………………………………

……………………………………………………………………………………………

……………………………………………………………………………………………

……………………………………………………………………………………………

……………………………………………………………………………………………

……………………………………………………………………………………………

……………………………………………………………………………………………

……………………………………………………………………………………………

……………………………………………………………………………………………

À PROPOS DE L'AUTEUR

Kam PERSA a commencé dans le milieu l'administration entre 2006 et 2008, à la suite de la compréhension de son identité en Christ. Elle avait découvert ; sous l'influence du docteur Myles Munroe ; d'un autre regard les écritures bibliques il y a maintenant plus d'une vingtaine d'année.

Comprendre qui elle est, lui a permis de sortir des préjugés, de sortir des qu'en-dira-t-on, de qu'en-penseront-ils. …

Dotée d'une expertise de gestion administrative, Kam forme des assistants administratifs depuis plus d'une décennie.

Sa mission au travers de cette série « *Au commencement, il n'en était pas ainsi* » est de vous offrir la possibilité de vous positionner dans votre sphère d'influence à travers les bonnes œuvres qui sortiront de votre vie pour apporter le changement là où Dieu vous a établi, afin d'impacter positivement notre société dans notre génération.

Procurez-vous facilement
le tome 1 « Devenez-Vous ! »
en scannant le QR code

Procurez-vous facilement le livre
« *Devenir-vous* » en scannant le QR

Made in the USA
Columbia, SC
15 June 2025